CHAKRAS
ÉMOTIONS & AROMATHÉRAPIE VIBRATOIRE

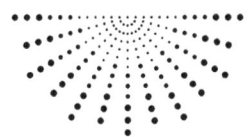

CAROLINE LE MEN

TABLE DES MATIÈRES

Avant-propos	5
Précautions d'emploi liées à l'utilisation des Huiles Essentielles	10
Qu'est-ce-qu'un Chakra ?	14
Chakras et cycles de 7 ans	16
1. Le Chakra Racine	19
Méditation : Connectez-vous à votre 1er Chakra	24
2. Le Chakra Sacré	26
Méditation : Connectez-vous à votre 2e Chakra	30
3. Le Chakra du Plexus Solaire	32
Méditation : Connectez-vous à votre 3e Chakra	36
4. Le Chakra du Cœur	38
Méditation : Connectez-vous à votre 4e Chakra	43
5. Le Chakra de la Gorge	45
Méditation : Connectez-vous à votre 5e Chakra	50
6. Le Chakra du 3e ŒIL	52
Méditation : Connectez-vous à votre 6e Chakra	56
7. Le Chakra Coronal	58
Méditation : Connectez-vous à votre 7e Chakra	63
LES HUILES ESSENCE CIEL	65
BONUS POUR VOUS !!!	70
LIVRE AUDIO	77

AVANT-PROPOS

*L*e sujet des chakras est vaste et passionnant mais peut se révéler complexe pour les non-initiés.

Moi-même bio-énergéticienne et initiée en tant que Maître de Reïki, à plusieurs Reïki différents, j'ai acquis des connaissances bien plus intéressantes sur les chakras et les différents liens avec l'Univers (Unis vers) en travaillant, des années après, en médecine quantique.

Je transmets depuis toujours mes connaissances lors de mes séances, de mes accompagnements, des ateliers, des formations et conférences à destination du grand public, des professionnels de santé et des énergéticiens et tous découvrent encore aujourd'hui des éléments qu'ils étaient vraiment loin d'imaginer.

Lorsque l'on se passionne pour la science des chakras, cela nous emmène loin, très loin jusqu'à la mémoire cellulaire, jusqu'à l'infiniment petit. J'ai travaillé sur les correspondances des chakras avec les différents systèmes du corps humain. Combiné à mes connaissances de la bio-énergie, j'ai créé des liens avec la nature, l'environnement, la géobiologie, le Feng Shui, les couleurs, l'alimentation, l'électro smog... pour ne citer que les principaux.

Vous comprendrez ainsi qu'il ne me semble pas juste de limiter les chakras à quelque chose de folklorique ou « seulement » de spirituel.

Cela dit, il faut bien démarrer par quelque chose, alors je vais vous amener de découvertes en découvertes, à votre rythme, à vous passionner vous aussi pour les chakras !

Aussi, dans ce premier livre relatif aux chakras, j'avais envie de traiter un sujet grand public : les émotions.

Et d'associer les émotions aux huiles essentielles.

Huiles essentielles que vous êtes de plus en plus nombreux à utiliser pour différentes raisons. Ici, il ne s'agira pas de les ingérer mais de les respirer ou parfois de se masser avec.

Avant tout chose, j'entends qu'il existe 2 émotions majeures :

L'AMOUR et LA PEUR

Et qu'il découle de ces 2 émotions des RESSENTIS. Je prendrai soin d'argumenter sur ce point dans un autre livre.

Et pour simplifier et aller clairement au but, l'expression d'un chakra sain est l'amour, pas la peur !

La manifestation d'un chakra en santé se produit ainsi : avant toute chose, il tourne, en spirale, dans le sens des aiguilles d'une montre. Sa pulsion est agréable, douce et chaude. Sa paroi est dense, comme « gonflée ».

Le chakra sain indique un être humain en bonne santé, dans la force et la souplesse de son incarnation. Le chakra sain vit simplement le moment présent.

Chaque être doit œuvrer dans la matière[1] et avec elle, sans manipuler, sans créer de distorsions ou juger, sans compulsion, ni condition ; cela fait beaucoup pour un humain mais soyons optimistes et l'une de mes expressions est « un pas par jour ». Cette expression remet bien dans l'instant présent et se veut positive. Chacun est unique et avance à son rythme, en fonction de ses possibles.

Vos états émotionnels et physiques actuels sont la conséquence d'innombrables informations et de processus qui se sont accumulés au fil des années et qui ont été stockés dans vos centres énergétiques, les chakras.

Tant que vos deuils ne sont pas faits, vos ressentis : rejet, abandon, trahison, humiliation et injustice, qui sont présents depuis votre plus tendre enfance, perturbent le bon fonctionnement des chakras qui perturbent à leur tour les différentes fonctions de votre corps.

L'impression de ne pas avoir été aimé, respecté ou même compris au cours de l'enfance, le deuil brutal d'un être cher, sont des expériences qui peuvent créer une dysharmonie des chakras.

Pour chaque centre énergétique, vous disposerez d'informations essentielles. Répondez à quelques questions et découvrez les huiles essentielles les plus appropriées à vos sentiments.

Découvrez comment, ces essences divines et complexes que sont les huiles essentielles, peuvent agir au niveau de vos corps psycho-émotionnel et physique et peuvent se révéler être des outils simples et accessibles pour accéder à la Paix à tous les niveaux de votre être.

Les huiles essentielles sont la force de vie des plantes. Comme toutes substances naturelles, elles contiennent des énergies qui agissent sur les corps subtils humains ; vibrations perceptibles d'une façon ou d'une autre.

L'aromathérapie énergétique associe cette connaissance de l'âme des plantes à la science des chakras et des corps subtils ainsi qu'à toutes les fonctions sensorielles, en premier lieu les sens olfactif et tactile. Elles agissent donc aux niveaux de nos corps psycho-émotionnel et physique.

Respirer ou masser la zone en utilisant l'huile appropriée au blocage énergétique ou au problème spécifique, favorise l'écoulement de l'énergie.

Choisir une huile essentielle avec laquelle œuvrer n'est pas toujours évident. Chacun pourra développer ses capacités intuitives avec la pratique.

L'intuition est un outil à développer de différentes manières que je vous proposerai. Mais, il est évident qu'en travaillant le plus souvent possible avec et en contact de la nature, votre intuition grandira.

Je vous suggère une sélection d'huiles essentielles que je vais relier aux différents chakras. Parfois, une huile peut aider plusieurs chakras mais je vais simplifier les informations pour cette première approche.

Pour chaque centre énergétique, vous trouverez une recommandation de plusieurs huiles mais je vous conseille d'en choisir une seule à la fois.

Si vous avez l'impression que l'huile essentielle choisie n'agit pas sur vous, c'est peut-être que ce n'est pas la meilleure pour vous. Il en existe d'autres pour lesquelles vous serez certainement plus réceptifs. Vous aurez peut-être l'envie de les rejeter. Cela peut se révéler être une stratégie inconsciente par peur du changement.

---

1. La matière regroupe à la fois les choses matérielles, les objets, l'argent, les émotions, les relations terrestres.

PRÉCAUTIONS D'EMPLOI LIÉES À L'UTILISATION DES HUILES ESSENTIELLES

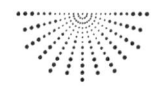

Demandez systématiquement l'avis de votre médecin ou de votre pharmacien formé aux huiles essentielles. N'arrêtez pas votre traitement en cours. Les huiles essentielles ne remplacent pas l'avis de votre médecin et les soins prescrits par les spécialistes de santé.

Merci de vérifier les contre-indications liées à chaque huile. Elles existent. Il est important de préciser que certaines personnes ne supportent absolument pas les huiles.

Elles peuvent irriter la peau et certaines s'avèrent dermocaustiques sur les peaux les plus sensibles.

Les recommandations qui suivent ne s'appliquent pas aux enfants ni aux femmes enceintes, ainsi qu'aux personnes qui ont un cancer.

Certaines huiles peuvent diminuer l'effet des remèdes homéopathiques (menthe pouliot...) et les huiles issues des agrumes sont photosensibilisantes.

PRÉCAUTIONS D'EMPLOI LIÉES À L'UTILISATION DES HUILES ESSENTIELLES DE MANIÈRE GÉNÉRALE

- Assurez-vous que les huiles sont bien 100 % naturelles et pures (bio).
- Les huiles riches en cétones peuvent être neurotoxiques et abortives.
- Les huiles riches en phénols sont agressives pour la peau et les muqueuses.
- Les huiles ne sont pas solubles dans l'eau. À diluer avec de l'huile végétale.
- Les huiles ne sont pas solubles dans le sucre, le pain, le lait, contrairement à de nombreuses publications.
- **Ne pas appliquer les huiles pures sur : les yeux, le conduit auditif, les zones ano-génitales.**
- Suivez le dosage qui vous est conseillé.
- Rincez-vous les mains après chaque utilisation par voie cutanée ou contact avec un flacon.
- Ne laissez pas les huiles à portée des enfants.
- En cas de projection d'huile dans les yeux, répandre de l'huile végétale et essuyer avec un coton.
- Prenez en compte vos antécédents médicaux, votre état de santé, vos traitements en cours, prenez en compte vos allergies, si vous êtes épileptique, si vous avez des problèmes cardiovasculaires, de l'asthme, de l'hypertension, des problèmes endocriniens (thyroïde...), des problèmes rénaux, des problèmes hépatiques graves.
- ATTENTION ! Les huiles sont déconseillées aux femmes enceintes et allaitantes.
- Faites un test de tolérance sur une toute petite surface de peau, au creux du poignet par exemple.

ATTENTION ! En ce qui concerne ce module « CHAKRA - ÉMOTIONS ET AROMATHÉRAPIE VIBRATOIRE », merci de ne pas utiliser les huiles essentielles par voie orale.

JE PRÉCONISE DE FERMER LES YEUX ET DE SENTIR LES HUILES QUE VOUS AUREZ SÉLECTIONNÉES.

ET SI VOUS SOUHAITEZ VOUS MASSER LES ZONES CORRESPONDANTES AUX CHAKRAS, alors, par principe de précaution, je conseille la concentration la plus **faible** de 0,5 % pour éviter tout risque.

Comment réaliser ce dosage en pratique ?

Ce pourcentage de 0,5 % représente 3 gouttes d'huiles essentielles seulement. Ces 3 gouttes sont à diluer dans un flacon de 20 ml d'huile végétale de votre choix.

Vérifiez si vous êtes allergique à une huile végétale en particulier. À titre indicatif, je recommande le plus souvent l'huile de jojoba, car elle est la plus tolérée par tous les types de peaux.

Faites un test de tolérance de ce mélange sur une toute petite surface de peau, au creux du poignet par exemple.

Pour vivre des miracles, il faut y croire.
— **CARL LUDWIG SCHLEICH**

On apprend par l'expérience.
Tout le reste n'est qu'information.
— **ALBERT EINSTEIN**

QU'EST-CE-QU'UN CHAKRA ?

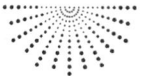

𝒱oici quelques explications très simples.

Avant toute chose, les chakras ne sont pas physiques.

CHAKRA est un mot sanskrit signifiant roue, ou vortex, et il se réfère à chacun des sept centres d'énergie majeurs dont sont composés notre conscience, notre système d'énergie et notre corps physique. Le premier chakra se trouve à la base de la colonne vertébrale et le septième au sommet du crâne.

Les Chakras fonctionnent comme des pompes, ou des valves, qui régulent le flot de l'énergie. Nous ouvrons et fermons ces valves en fonction de nos pensées et de nos émotions et de la manière dont nous choisissons de vivre dans le monde qui nous entoure. Ils sont les points d'intersection des *Nadis*[1] par lesquels circule le *Prana*[2] plus communément appelé *Chi* ou *Énergie Vitale* en Occident. Les chakras accumulent l'énergie qui devient de plus en plus subtile à mesure qu'elle s'élève de la base vers le sommet de la tête.

À chaque chakra correspond une zone du corps, des organes, des systèmes endocriniens... des émotions, des troubles physiques et psychiques qui seront détaillés dans un prochain livre.

Dans le cadre de ma pratique de Reïki, les chakras se révèlent être une grille de lecture des maux du corps et l'interprétation de leur fonctionnement permet d'améliorer l'état d'être d'une personne en traitant le dysfonctionnement énergétique en amont.

Ces dysfonctionnements constatés sont soit le rétrécissement[3] des chakras ou le ralentissement de leur vitesse de rotation — ce qui traduit une relative inactivité des organes — soit leur élargissement ou encore l'augmentation de leur vitesse de rotation — signes de problèmes à la fois physiques et émotionnels.

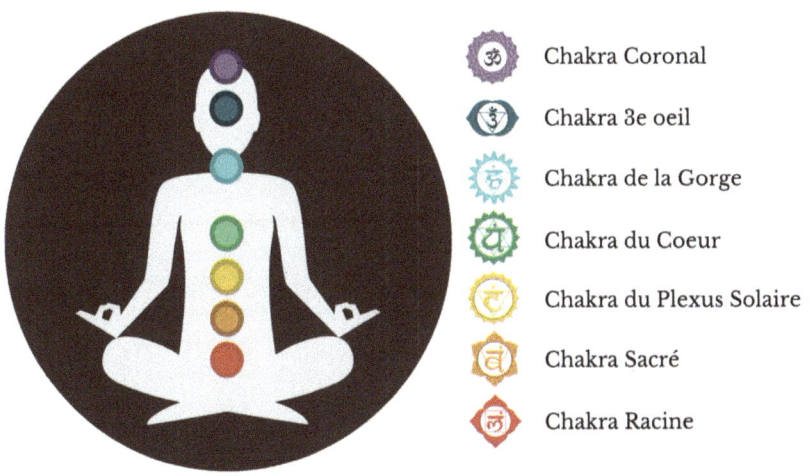

---

1. Nadi signifie vibration, mouvement. Les *Nadis* sont des conduits astraux ou méridiens par lesquels circule l'énergie vitale.
2. *Prana* : énergie de vie qui circule dans tout le corps.
3. J'insiste sur un point : un chakra peut rétrécir mais pas jusqu'à se fermer. Ils ne sont jamais fermés ! Fuyez un praticien qui affirmerait cela. Au mieux c'est un ignorant, au pire, il fait cela pour créer des peurs en vous et vous maintenir en dépendance. Plus vous en saurez sur toute chose, mieux cela sera pour vous.

CHAKRAS ET CYCLES DE 7 ANS

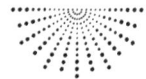

*L*es chakras sont liés à des périodes de **7** ans ; celles-ci commencent à la naissance avec le chakra racine et avancent successivement et progressivement d'un chakra à l'autre jusqu'au chakra de la couronne.

La première étape dure donc 49 ans = **7** ans x **7** chakras

Cette première période est unique, chaque cycle mais aussi chaque année étant teintée d'expériences spécifiques liées au chakra concerné.

Chaque année est donc liée à une énergie particulière.

Prenons un individu de 49 ans. À la date anniversaire de sa 50ᵉ année, il démarrera un nouveau cycle de sept années, partant de nouveau du chakra racine.

Cela ne signifie pas qu'il repart de zéro, mais qu'il commence une nouvelle expérience, à partir du chakra racine et à une fréquence énergétique plus élevée, riche des expériences et acquits accumulés dans les précédents cycles.

Vibratoirement, le **7** est un nombre puissant car il est relié aux **7** niveaux de conscience, aux **7** corps...

À ce stade de connaissances des cycles de 7 ans, je pense que vous intégrez mieux l'information du cap des 7 ans, que ce soit dans le couple ou dans votre travail. Le grand public évoque parfois des périodes charnières de 7 ans.

Dans le couple, par exemple, il existerait un cap de 7 ans à passer. Si on réussit à passer le premier niveau des 7 ans de vie commune, on peut repartir pour un nouveau cycle de 7 ans. Tous les 7 ans, un bilan inconscient est fait. C'est un cycle immuable.

J'ai étudié différentes numérologies holistiques et comme vous le savez, votre nombre est déterminé en fonction de votre année de naissance. Le nombre obtenu donne le ton à l'année qui se prépare. La numérologie est considérée comme une science.

Mais comme pour la clairvoyance… gardez précieusement votre libre-arbitre. Ne vous laissez pas influencer et faites toujours de votre mieux, cherchez à vous dépasser, à vous magnifier.

Vous intégrez — ou pas — les enseignements au fur et à mesure.

Dites-vous que vous avez la possibilité d'apprendre chaque jour et que rien n'est figé. N'autorisez personne à programmer des vérités établies en vous.

Soyez votre propre Maître de Sagesse.

Faites-vous aider mais conservez votre état de vigilance actif ainsi votre libre arbitre pourra vous guider.

1
LE CHAKRA RACINE

𝓛**E 1ᴇʀ CENTRE ÉNERGÉTIQUE EST LE CHAKRA RACINE,**

appelé MULADHARA en sanskrit, ce qui signifie racine, base ou support. C'est le centre de la sécurité et il est tourné vers le bas.

Il est associé au corps physique.

Il est situé au niveau du périnée, au niveau de la chair entre les organes sexuels et l'anus.

- Couleur : **Rouge**
- Élément : **La Terre**
- Sens : **L'Odorat**

Le champ de conscience de ce premier centre est la survie, la sécurité, les fondements, les fondations, la construction, la confiance, le foyer, le métier et tous les besoins primaires tels que manger, dormir, se loger et se vêtir. Son intégration nous donne vitalité, volonté de vivre, stabilité et résistance. Nous pouvons alors vivre avec les deux pieds bien sur terre.

Émotionnellement, l'interaction se fait au niveau des sentiments liés à l'émotion peur et au courage.

Le corps physique constitue notre enveloppe la plus dense et permet la communication avec le monde matériel. Il est aussi le réceptacle de tout ce que nous avons élaboré à des niveaux plus abstraits, dans nos corps subtils. Chaque centre énergétique correspond à l'un de nos **7** corps subtils.

Le 1er centre est relié au corps vital ou énergétique, on utiliserait ici le terme de corps éthérique.

Posez-vous les questions suivantes :

— Comment vous sentez-vous à l'intérieur de votre foyer ?

— Comment vous sentez-vous à l'intérieur de vous ?

— Quelle relation entretenez-vous avec votre mère ?

— Quelle est votre relation à la Terre Mère aussi ?

Toutes deux ayant le même rôle nourricier et sécurisant.

— Comment vous sentez-vous sur Terre ?

— Êtes-vous ancré(e) ?

Chakra Racine

- Couleur : Rouge
- Élément : La Terre
- Sens : L'Odorat

Pistes de réflexion :

Pour être bien, il faut faire la paix avec votre mère. Faire la paix, la respecter sans pour autant cautionner tout ce qui s'est passé, mais l'accepter enfin. Apprendre à devenir votre propre mère aussi, avec ou sans enfant.

Ce centre énergétique représente le fait de vivre ici et maintenant. D'être ancré(e), d'avoir des racines profondes et solides. D'être dans la réalité et d'être dans la Vérité.

Lorsque l'énergie de ce centre est équilibrée,

vous disposez d'une belle vitalité physique, d'un sentiment de bien-être, de la sensation d'être ancré(e), sentiment d'être centré(e), sexuellement affectueux/se et « maître de soi-même ».

Lorsque l'énergie est en excès,

vous pouvez devenir agressif/ve, dominateur/trice, vous êtes ou devenez égotiste, sexuellement inhibé(e).

Lorsqu'au contraire, elle est en déficience,

l'ancrage n'est pas bon. Il y a risque de devenir apathique, de manquer de volonté, de confiance en soi, de se sentir en danger, anxieux et inquiet. En général, il n'y a pas ou plus d'intérêt pour la sexualité. Certains peuvent tomber en dépression.

SOLUTIONS EN AROMATHÉRAPIE :

HUILE ESSENTIELLE DE CAROTTE

La Carotte élargit et enracine la Conscience. Elle génère la clarté de la vision intérieure et élève les perceptions pour guider dans le voyage à la découverte de soi. Sentir ou appliquer l'huile sur les chakras racine et sacré stimule une sensation d'enracinement.

Autres solutions :

LA CANNELLE

Cette essence nous rend conscients de notre esclavage. Elle libère la colère contenue dans la mémoire cellulaire du corps. Elle est très efficace contre les mauvais traitements physiques subis. Masser la zone du chakra racine donne une sensation de revitalisation qui augmente la volonté de vivre. Attention, cette huile peut irriter la peau.

LA MYRRHE

Même si ce n'est pas la fonction première de la Myrrhe, cette huile essentielle est, elle aussi, très pertinente pour délivrer des souffrances et des chagrins. Pour surmonter les obstacles, une personne doit reconnaître honnêtement les problèmes qui freinent son aptitude à la confiance. L'huile de myrrhe appliquée sur la région du cœur l'aide à rester ouvert dans des situations de stress. Étirez et massez le cou avec l'huile pour réduire les tensions mentales et le besoin de contrôle.

LE PATCHOULI

Cette huile essentielle, plutôt féminine, enracine et renforce la volonté de vivre. L'énergie du Patchouli entre en affinité avec les battements du cœur de Mère Nature, relié au chakra racine. Elle incarne la sensation d'être bercée dans ses bras et immergée dans l'essence de la Terre. L'huile élève la vénération envers la vie, attitude qui rend hommage à la valeur de toutes les expériences de la vie et de toutes les formes de vie. L'huile de Patchouli chasse le *cafard* ! Elle déverrouille aussi l'énergie sensuelle du chakra sacré et transforme la rigidité en sensualité. Cette huile est selon moi précieuse mais je ne la mets qu'en 4e position parce qu'elle est puissante et pourrait vous perturber si vous n'êtes pas vraiment prêt(e).

MÉDITATION : CONNECTEZ-VOUS À VOTRE 1ER CHAKRA

Choisissez un endroit et un moment propices à cette méditation. Mettez-vous à l'aise.

Coupez votre téléphone et toutes sources de distraction.

Êtes-vous prêts ? Fermez les yeux.

Inspirez et expirez lentement et profondément en sentant l'huile essentielle que vous avez choisie parmi mes propositions.

Visualisez la couleur **ROUGE**.

Inspirez la couleur **ROUGE**.

Expirez la couleur **ROUGE**.

Reprenez cet exercice 7 fois.

Maintenant, dites les affirmations suivantes à haute voix si vous le pouvez ou pensez-les.

Faites cet exercice avec votre cœur.

- « Je suis. »
- « Je me rattache à la terre. »
- « J'assure ma survie et ma sécurité. »
- « J'ai de la force, je suis stable, sans peur. »
- « Je suis en lien avec ma famille. »

2
LE CHAKRA SACRÉ

*L*E 2ᵉ **CENTRE ÉNERGÉTIQUE EST LE CHAKRA SACRÉ,**

appelé HARA, nommé SVADISTANA en sanskrit, ce qui signifie siège du soi. Notre demeure.

C'est le centre des sensations, il part du dos pour s'ouvrir sur le devant du corps.

Ce chakra étant situé juste en dessous du nombril, c'est donc le centre de l'énergie sexuelle et celui de la conception.

Le champ de conscience est lié à tous les plaisirs liés au corps, aux sensations et aux émotions. Le corps communique à travers nous par le biais de ce centre c'est-à-dire par les sensations qu'il nous fait ressentir.

- Couleur : **Orange**
- Élément : **L'Eau**
- Sens : **Le Goût**

Posez-vous les questions suivantes :

— Êtes-vous suffisamment à l'écoute de votre corps ?

— Avez-vous tendance à vous renfermer sur vous-même et à être dans votre bulle ?

— Comment vous sentez-vous dans l'eau ?

Chakra Sacré

- Couleur : Orange
- Élément : L'Eau
- Sens : Le Goût

Pistes de réflexion :

Quand on est en phase avec soi-même, que l'on écoute ses désirs, ses sentiments, sans aucun jugement, que l'on se fait plaisir sans aller dans l'excès, alors c'est le signe d'une bonne vitalité.

Notre relation à l'eau, élément de ce centre, nous permet de déterminer si le centre des sensations est affecté ou non.

Les personnes qui ne sont pas en phase avec l'élément eau parce qu'elles sont affectées par des tensions dans cette partie de leur être peuvent éprouver soit une aversion soit une dépendance pour la nourriture, la sexualité ou le fait d'avoir des enfants.

Les émotions que vous retenez et qui se sont enfouies à l'intérieur de ce centre empêchent sa vitalité.

Un conseil : les sentiments sont durs à vivre, mais peut-être qu'il faut mieux les vivre afin qu'ils soient entendus et transcendés.

Lorsque l'énergie de ce centre est équilibrée,

vous êtes en contact avec vos émotions et vous faites confiance aux autres.

Lorsque l'énergie est en excès,

elle révèle la nature des hyperémotifs, l'agressivité, l'ambition excessive, la nature manipulatrice et l'obsession pour la sexualité.

Lorsqu'au contraire, elle est en déficience,

elle apportera un ressenti d'hypersensibilité, de timidité, du ressentiment, de la méfiance et/ou de culpabilité.

SOLUTIONS EN AROMATHÉRAPIE :

HUILE ESSENTIELLE DE NÉROLI

Le Néroli encourage la réalisation de soi et aide à se libérer de situations dites sans issue. Elle a une forte action sur le système nerveux et permet ainsi de défaire les nœuds émotionnels, même les plus complexes. La majorité des femmes passent des moments difficiles pendant leurs lunes parce qu'elles n'ont pas appris à célébrer leur corps de femme, mais plutôt à le critiquer. Ces femmes-là dirigent alors leurs frustrations et leurs critiques vers l'intérieur, ce qui sème la confusion dans leurs organes féminins. Cela peut déclencher ultérieurement de sérieux problèmes tels que l'endométriose, des kystes ovariens ou autres dysfonctionnements des organes. C'est une huile onéreuse.

Autres solutions :

LA CAROTTE

Déjà conseillée pour le premier chakra, elle est judicieuse pour ce deuxième centre énergétique et vous permettra de ne pas acheter trop d'huiles essentielles.

L'YLANG-YLANG

L'Ylang-ylang calme les nerfs et intègre les émotions. Elle est si apaisante qu'elle encourage à écouter l'essence de l'Âme.

LE JASMIN

Cette essence renforce l'ancrage et invite à ajuster sa posture dans son corps de femme. Elle calme et harmonise au niveau physique, énergétique et émotionnel. Protège l'affection et l'amour. Réveille la sensualité.

MÉDITATION : CONNECTEZ-VOUS À VOTRE 2E CHAKRA

*C*hoisissez un endroit et un moment propices à cette méditation. Mettez-vous à l'aise.

Coupez votre téléphone et toutes sources de distraction.

Êtes-vous prêts ? Fermez les yeux.

Inspirez et expirez lentement et profondément en sentant l'huile essentielle que vous avez choisie parmi mes propositions.

Visualisez la couleur **ORANGE**.

Inspirez la couleur **ORANGE**.

Expirez la couleur **ORANGE**.

Reprenez cet exercice 7 fois.

Maintenant, dites les affirmations suivantes à haute voix si vous le pouvez ou pensez-les.

Faites cet exercice avec votre cœur.

- « J'ai du plaisir. »
- « La vie est belle. »
- « La vie mérite d'être vécue. »
- « Je redonne du goût à ma vie. »
- « Je donne un sens à ma vie. »
- « Vive la vie. »
- « J'aime la vie. »
- « Je suis créateur/créatrice. »

3

LE CHAKRA DU PLEXUS SOLAIRE

*L*E 3ᵉ **CENTRE ÉNERGÉTIQUE EST CELUI DU PLEXUS SOLAIRE,**

dénommé MANIPURA en sanskrit soit « le joyau du nombril » et il est associé au corps mental. C'est le centre du pouvoir. Il part aussi du dos pour s'ouvrir sur le devant du corps.

Sa vibration est le jaune et il est situé au niveau du plexus solaire.

- Couleur : **Jaune**
- Élément : **Le Feu**
- Sens : **La Vue**

Son champ de conscience est lié à votre personnalité et à votre individualité. Il est aussi lié à votre pouvoir et à votre puissance, au contrôle, à votre liberté, à votre libre arbitre, au lâcher-prise, à votre capacité d'être vous-même, à la douceur et à une vision sans jugement des choses.

Il orchestre la redistribution de l'énergie aux autres centres, en fonction des schémas mentaux qu'impliquent nos croyances de l'instant. L'équilibrage de ce centre permet l'installation de la foi en soi.

Chakra du Plexus Solaire

- Couleur : Jaune
- Élément : Le Feu
- Sens : La Vue

Posez-vous les questions suivantes :

— Quelle relation entretenez-vous avec le feu ?

— Quelle relation avez-vous avec le soleil ?

— Faites-vous des allergies au soleil ?

— Prenez-vous des coups de soleil ?

Pistes de réflexion :

Si la relation n'est pas évidente avec cet élément feu, vous faites partie des personnes qui ont de grandes difficultés à s'abandonner ou à abandonner quelque chose ou quelqu'un. Le sens associé étant la vue, toute anomalie à ce niveau-là peut s'expliquer par le fait que vous refusez de voir ce qui vous rend malheureux(se). Vous avez une vision déformée des choses, c'est peut-être parce que vous avez vécu un événement qui vous a fait douter de votre pouvoir, de votre puissance et a réduit votre liberté.

Le travail proposé à ce niveau de conscience nous entraîne à utiliser pleinement notre libre arbitre en rétablissant la sphère mentale dans ses véritables fonctions : au service de l'être.

Lorsque l'énergie de ce chakra est équilibrée,

cela donne du respect pour soi et pour les autres, une ouverture, de la spontanéité, de la joie et de la détente. Dans cet équilibre, on trouve les individus décomplexés, chaleureux qui ont un goût particulier pour l'activité physique.

Si cette énergie est en excès,

cela peut vous pousser à vous rigidifier, faire de vous un addict du travail, un individu perfectionniste et amer envers l'autorité.

Et une énergie déficiente,

générera déprime, manque de confiance et peurs.

SOLUTIONS EN AROMATHÉRAPIE :

LA CAMOMILLE NOBLE

Cette huile insuffle la Sagesse et la Paix. Elle aide à développer la patience. Elle apaise les chagrins d'amour et les sentiments de perte. Masser la zone de l'estomac et le foie laisse une sensation de plénitude extraordinaire.

Autres solutions :

LE GÉRANIUM BOURBON

Cette fragrance apaise les peines de cœur et permet de surmonter les sentiments d'abandon. L'huile possède une énergie nourrissante très douce pour l'âme. Elle permet au chakra du plexus solaire de se dilater pour cicatriser les injustices. Considérer une expérience comme un enseignement sur le chemin, permet de se libérer de la servitude et du « karma » en évitant de rejeter les responsabilités sur ceux qui s'y sont trouvés mêlés. Elle améliore également l'acceptation de soi et éveille les capacités.

LE LEMON-GRASS

Cette essence laisse l'esprit illuminer le conscient. L'énergie de l'huile adoucit les attitudes mentales rigides, transformant une perspective pessimiste en optimisme. Utiliser le Lemon-grass pour purifier le plexus solaire et le chakra sacré. Elle procure la force nécessaire pour faire face aux défis ou les nouvelles situations. Elle peut permettre aux énergies prâniques de nourrir le corps physique.

LA NOIX DE MUSCADE

Cette huile apaise le sentiment de trahison et de perte, augmente la souplesse et la spontanéité. La zone du plexus solaire reçoit une énergie réconfortante. L'huile aide les personnes qui se sentent plongées dans l'obscurité parce qu'elles vivent d'intenses sentiments.

MÉDITATION : CONNECTEZ-VOUS À VOTRE 3E CHAKRA

Choisissez un endroit et un moment propices à cette méditation. Mettez-vous à l'aise.

Coupez votre téléphone et toutes sources de distraction.

Êtes-vous prêts ? Fermez les yeux.

Inspirez et expirez lentement et profondément en sentant l'huile essentielle que vous avez choisie parmi mes propositions.

Visualisez la couleur **JAUNE**.

Inspirez la couleur **JAUNE**.

Expirez la couleur **JAUNE**.

Reprenez cet exercice 7 fois.

Maintenant, dites les affirmations suivantes à haute voix si vous le pouvez ou pensez-les.

Faites cet exercice avec votre cœur.

- « Je fais. »
- « Je suis détendu(e), souple, relâché(e), décontracté(e), zen, calme. »
- « Je suis reposé(e), serein(e), relaxé(e), apaisé(e)... »
- « Je me réalise. »
- « Je prends ma place. »

4
LE CHAKRA DU CŒUR

LE 4ᵉ CENTRE ÉNERGÉTIQUE EST CELUI DU CŒUR,

appelé ANAHATA en sanskrit, signifiant invaincu. Centre de l'amour, ce chakra part du dos pour s'ouvrir sur le devant du corps.

Sa localisation se situe au centre du thorax, sa vibration est le Vert émeraude.

Ce centre est associé au corps à l'état naturel.

- Couleur : **Vert**
- Élément : **L'Air**
- Sens : **Le Toucher**

Contrairement aux trois premiers centres, qui correspondent à la relation que l'individu vit avec lui-même, avec ce centre débute sa relation avec son environnement.

C'est la partie de votre conscience qui souhaite se mettre en relation : en couple, en famille, entre amis. Cela correspond à la sphère relationnelle appelée vie sociale d'une personne.

Émotionnellement, il concerne les polarités amour/tristesse.

Il permet d'exprimer la joie. Lorsque l'amour s'écoule inconditionnellement à travers lui, son rayonnement est rose.

Le chakra du cœur est un centre d'équilibre qui fait le lien entre les trois chakras situés en dessous et qui sont surtout concernés par la nature instinctive, et les trois au-dessus qui se rapportent à un état de conscience supérieure.

En utilisant le troisième centre, nous pouvons influencer la direction de l'énergie, mais son action ne devient durable qu'en compagnie de l'amour.

Chakra du Coeur

- Couleur : Vert
- Élément : L'Air
- Sens : Le Toucher

Observez :

Prenez conscience que lorsque vous souffrez en inspirant, c'est que vous ne vous sentez pas capable de recevoir de l'amour et/ou qu'une personne vous « étouffe ».

Si la gêne est plus présente à l'expiration, peut être avez-vous des difficultés à donner ou à rendre ce trop plein d'amour que vous ressentez.

Les personnes ayant des problèmes cardiaques ou respiratoires semblent envoyer une symbolique quant à leurs perceptions de l'amour et de son flux.

Posez-vous les questions suivantes :

— Acceptez-vous facilement de recevoir de l'amour sans manipulation, sans possession ?

— Acceptez-vous facilement de donner de l'amour sans manipulation, sans possession ?

Pistes de réflexion :

Certains donnent de l'amour pour en recevoir et d'autres attendent d'en recevoir pour en donner.

L'amour est gratuit et se doit d'être inconditionnel, sinon ce n'est pas de l'Amour.

Ce centre parle d'amour, de l'action de donner et de recevoir. Il correspond à l'acceptation et au pardon.

Peut-être est-il temps d'apprendre à accepter, ce qui ne veut pas dire « *cautionner* » les événements.

Quand ce centre est bloqué, j'ai constaté que les personnes n'aimaient pas être massées, auscultées...

Lorsque l'énergie de ce chakra est équilibrée,

vous ressentez de la compassion et le désir de vous occuper d'autrui. Vous êtes ouverts, amicaux et bien en contact avec vos sentiments.

Si cette énergie est en excès,

vous êtes exigeants, excessivement critiques, possessifs, d'humeur changeante, déprimés. On trouve ici ceux qui se prétendent être Maître en amour conditionnel.

Et une énergie déficiente amènera paranoïa, indécision, le désir de s'accrocher aux objets ou aux gens, la peur du rejet et un besoin d'être constamment rassuré.

SOLUTIONS EN AROMATHÉRAPIE :

LA ROSE

Cette huile essentielle est magique. Son énergie a le don extraordinaire d'ouvrir le chakra du cœur. Les énergies masculines et féminines sont alors en équilibre. Cette huile est onéreuse mais c'est de l'Amour inconditionnel et elle peut être utilisée pour la beauté de la peau.

Autres solutions :

LE NÉROLI

Le Néroli que vous utiliserez peut-être pour le deuxième chakra.

MENTHE VERTE

La Menthe verte que vous aurez peut-être choisie pour le troisième chakra.

MYRTE

Le Myrte aide à la compréhension des formes-énergies pour pouvoir assimiler les fréquences de lumière et d'amour plus élevées en identifiant les caractéristiques des différentes formes. Les aspects masculins et féminins s'équilibrent et facilite la naissance dans l'Unité en rétablissant l'harmonie contre les conflits internes et la confusion.

PALMAROSA

L'huile de Palmarosa embrasse l'énergie de la Mère Divine. Elle établit une acceptation bienveillante et cicatrise, en particulier, les problèmes avec la mère.

MÉDITATION : CONNECTEZ-VOUS À VOTRE 4E CHAKRA

Choisissez un endroit et un moment propices à cette méditation. Mettez-vous à l'aise.

Coupez votre téléphone et toutes sources de distraction.

Êtes-vous prêts ? Fermez les yeux.

Inspirez et expirez lentement et profondément en sentant l'huile essentielle que vous avez choisie parmi mes propositions.

Visualisez la couleur **VERTE**.

Inspirez la couleur **VERTE**.

Expirez la couleur **VERTE**.

Reprenez cet exercice 7 fois.

Maintenant, dites les affirmations suivantes à haute voix si vous le pouvez ou pensez-les.

Faites cet exercice avec votre cœur.

- « Je m'aime. »
- « Je m'accepte. »
- « Je m'aime, j'ai beaucoup d'estime pour moi. »
- « Je me respecte. »
- « Je reçois et je donne de l'amour. »

5
LE CHAKRA DE LA GORGE

𝓛E 5ᵉ CENTRE ÉNERGÉTIQUE EST CELUI DE LA GORGE,

nommé VISUDDHA en sanskrit, ce qui signifie purifier.

Il est le centre de la corne d'abondance, centre de la communication, de l'expression de soi et de la créativité. Localisé à la base de la gorge, sa vibration est le bleu ciel.

- Couleur : **Bleu**
- Élément : **L'Éther**
- Sens : **L'Ouïe**

Son champ de conscience est l'expression sous toutes ses formes : le chant, l'écriture, les discours, les dons artistiques, le fait de recevoir des choses, les croyances quant à la réalisation de ses buts. Ce centre parle de la relation que l'on entretient avec l'espace autour de soi et toutes les idées de créations.

Émotionnellement, il permet de dépasser le jugement pour accéder au discernement. Le chakra de la gorge est le lieu de résidence du parent intérieur.

Il constitue l'ouverture, le passage vers un plan de réalité, plus subtil. À ce niveau, il nous reste à effectuer une autre forme de détachement avec nos croyances et habitudes ancestrales.

Ce centre énergétique tend à l'harmonie chez ceux qui utilisent leur créativité pour concrétiser les facettes d'une réalité qu'ils pressentent, au-delà de l'entendement commun. **Énergétiquement**, il correspond au corps appelé corps de béatitude.

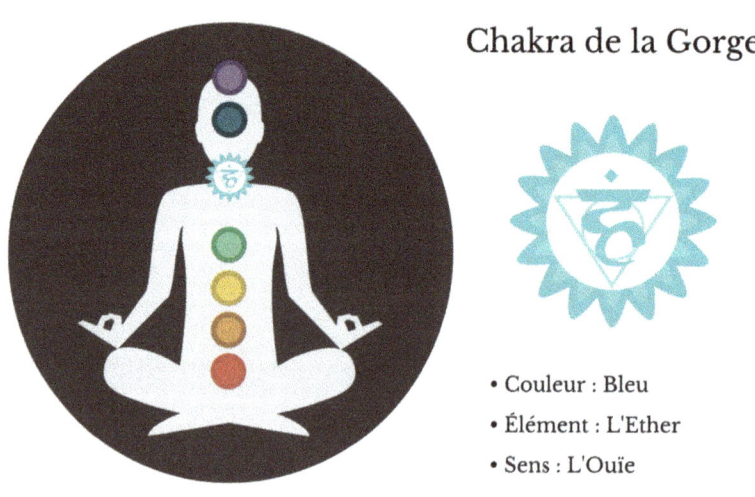

Chakra de la Gorge

- Couleur : Bleu
- Élément : L'Ether
- Sens : L'Ouïe

Posez-vous les questions suivantes :

— Avez-vous des facilités ou des difficultés à exprimer qui vous êtes ?

— Avez-vous des facilités ou des difficultés à exprimer ce pour quoi vous êtes fait(e) ?

— Arrivez-vous à vous faire de petits plaisirs ?

— Vous accordez-vous une sieste ?

— Écoutez-vous la musique qui vous plait sans avoir peur du jugement ?

— Hésitez-vous à vous offrir le parfum que vous aimez particulièrement ?

Pistes de réflexion :

Pour équilibrer ce centre d'énergie, cultivez votre conscience d'abondance, c'est-à-dire accordez-vous de recevoir ce que vous désirez. Vous le recevrez car, intrinsèquement, nous sommes faits pour vivre dans l'abondance, car nous sommes abondance. Certains évoquent la richesse intérieure.

De par notre éducation, nos études et nos expériences, nous avons accumulé un certain nombre de croyances concernant le monde réel. En fonction d'elles, nous jugeons de la réalité ou de la fiction de nos possibilités, et des évènements vécus.

Pour découvrir les richesses du chakra de la gorge, il faut être prêt à sortir des sentiers battus.

Si l'énergie de ce chakra est équilibrée,

vous êtes ancrés, combatifs, bons orateurs, musiciens ou peintres inspirés, et vous avez peut-être une attirance pour la méditation et la sagesse spirituelle.

Si cette énergie est en excès,

c'est l'arrogance, le sentiment d'autosatisfaction, un caractère dogmatique qui vous caractériseront.

Et une énergie déficiente,

vous rendra peureux, timides, inconsistants, peu fiables, manipulateurs, effrayés par la sexualité.

SOLUTIONS EN AROMATHÉRAPIE :

LAURIER NOBLE

Le laurier noble qui accroît la confiance en soi. L'esprit accède à une meilleure compréhension des pensées. Permet de récupérer notre pouvoir personnel et de générer davantage de paix intérieure.

Autres solutions :

MARJOLAINE À COQUILLES

La Marjolaine fait prendre conscience des peurs inconscientes. Masser le devant et l'arrière du chakra de la gorge et le frontal permet à l'énergie spirituelle de s'écouler facilement à travers le corps physique. Le chakra racine se dilate et enracine les énergies créant une assise de sécurité plus solide.

LAVANDE VRAIE OU OFFICINALE

La Lavande amène harmonie et équilibre, détend, calme, assagit les sentiments. Travaille sur la nervosité, l'anxiété, l'hyperémotivité, les phobies, les peurs, les tensions nerveuses, les troubles du sommeil, nettoie et purifie tant au niveau physique qu'énergétique. Aide à surmonter les schémas éducatifs, à accepter son individualité et à retrouver sa propre orientation, conduit au respect de soi-même, favorise l'inspiration.

ROMARIN À CINÉOLE

Le Romarin permet de se sentir bien à sa place, de vous sentir en sécurité dans votre présence, d'être qui vous êtes dans la paix et l'énergie solaire. Cette huile peut vous aider à vous libérer de vos vieilles habitudes et de ce qui ne vous sert plus.

MÉDITATION : CONNECTEZ-VOUS À VOTRE 5E CHAKRA

Choisissez un endroit et un moment propices à cette méditation. Mettez-vous à l'aise.

Coupez votre téléphone et toutes sources de distraction.

Êtes-vous prêts ? Fermez les yeux.

Inspirez et expirez lentement et profondément en sentant l'huile essentielle que vous avez choisie parmi mes propositions.

Visualisez la couleur **BLEUE**.

Inspirez la couleur **BLEUE**.

Expirez la couleur **BLEUE**.

Reprenez cet exercice 7 fois.

Maintenant, dites les affirmations suivantes à haute voix si vous le pouvez ou pensez-les.

Faites cet exercice avec votre cœur.

- « Je parle. »
- « Je réussis à parler des choses importantes de la vie. »
- « Je parviens à faire sortir ce qui est au fond de moi. »
- « Les portes s'ouvrent. »
- « Le mur tombe. »
- « Je suis créatif/créative. »

6
LE CHAKRA DU 3E ŒIL

CE 6ᵉ CENTRE EST NOTRE 3ᵉ ŒIL, du sanskrit AJNA qui signifie savoir ou commander. C'est le centre de la conscience consciente.

Localisé au centre du front, sa vibration associée est la couleur indigo.

- Couleur : **Indigo**
- Élément : **Le son intérieur**
- Sens : L'ensemble des sens intérieurs connus sous le nom de **perception extra-sensorielle.**

Associée au corps à l'état d'éveil.

Son champ de conscience et le centre de la conscience, les valeurs de l'être. Il est relié à l'ouverture d'esprit, à une vision plus large de nous, des choses et des êtres.

Relié aux notions d'éternité et d'illimité.

Au niveau émotionnel, il nous mène de la cristallisation à la transparence. Ce centre est rattaché à tous nos sens ainsi qu'aux perceptions extra-sensorielles : intuitions se manifestant par les perceptions internes de nos sens.

Ce centre permet de regarder à l'intérieur de soi. Se regarder soi-même permet de faire le point dans un premier temps et au fur et à mesure d'atteindre d'autres niveaux de compréhension, de dépasser nos limites et de nous voir comme un créateur.

Ce centre permet aussi de voir chez les autres. De voir sans filtres, des choses invisibles à l'œil nu mais bien visibles par ce 3ᵉ œil. Voir les autres permet de les aider et de mieux les comprendre.

Les personnes dites clairvoyantes, dont je fais partie, possèdent du fait de leur sensibilité accrue, un don pour voire des choses en l'autre, à l'état présent et cela est bien utile pour aider. Je ne parle pas ici de programmer des choses dans l'esprit des personnes.

Chakra du 3e Oeil

- Couleur : Indigo
- Élément : Le Son Intérieur
- Sens : Extra-sensoriel

Posez-vous les questions suivantes :

— Quelles sont vos valeurs ?

— Avez-vous souffert de dévalorisation ?

— Si vous répondez par l'affirmative, alors peut-être que vous vivez dans un monde avec des ressentis de culpabilité ?

— Peut-être qu'il vous semble que rien de bien ne se produit, bien au contraire ?

— Avez-vous l'impression d'avoir un « vélo dans la tête » ?

Pistes de réflexion :

Ce chakra est le lien entre notre conscience supérieure et l'égo et entre les facultés cérébrales supérieures et les fonctions cérébrales instinctives.

Nous réalisons que nous sommes tous liés, et que nos projections interfèrent avec celles de notre entourage dans la création du monde réel. Nous vivons notre réalité en fonction de ce que nous avons décidé de croire, mais également en fonction des croyances de notre entourage, concernant cette réalité.

C'est notre poste de commande central, qui s'éclaire, lorsque nous acceptons le libre passage des énergies à travers nous.

Lorsque l'énergie de ce chakra est équilibrée,

nous vivons dans le détachement des possessions matérielles, la peur de la mort disparaît, on développe un don de télépathie, de clair audience, de clairvoyance, avec un possible accès aux vies antérieures.

Si cette énergie est en excès,

nous devenons fiers, religieusement dogmatiques, manipulateurs et égotistes.

Et une énergie déficiente,

nous rendra hypersensibles aux sentiments d'autrui, peu assurés et incapables de distinguer l'égo du Moi supérieur.

SOLUTIONS EN AROMATHÉRAPIE :

PAMPLEMOUSSE

Le Pamplemousse calme le bavardage mental. Il stoppe les messages intempestifs et préjudiciables lorsqu'un vieil enregistrement se remet en route. Un massage sur les tempes et le front avec l'huile apaise le mental. L'huile peut être légèrement irritante sur la peau.

Autres solutions :

LE BASILIC

Le Basilic encourage à accepter la responsabilité de nos intentions et à prendre conscience de la réalité que nous sommes en train de créer. L'huile active les programmes codés en sommeil dans le cerveau et ouvre de nouvelles voies pour assimiler l'énergie.

L'ENCENS ou OLIBAN

L'Encens ou Oliban éveille l'objectif spirituel. Les mémoires de l'Âme peuvent insuffler la sérénité. Les chakras de la couronne, du 3e œil et du cœur se dilateront avec l'odeur de l'encens.

MÉDITATION : CONNECTEZ-VOUS À VOTRE 6E CHAKRA

Choisissez un endroit et un moment propices à cette méditation. Mettez-vous à l'aise.

Coupez votre téléphone et toutes sources de distraction.

Êtes-vous prêts ? Fermez les yeux.

Inspirez et expirez lentement et profondément en sentant l'huile essentielle que vous avez choisie parmi mes propositions.

Visualisez la couleur **INDIGO**.

Inspirez la couleur **INDIGO**.

Expirez la couleur **INDIGO**.

Reprenez cet exercice 7 fois.

Maintenant, dites les affirmations suivantes à haute voix si vous le pouvez ou pensez-les.

Faites cet exercice avec votre cœur.

- « Je vois. »
- « Je développe mes connaissances. »
- « Je développe mon intuition. »
- « J'ai de bonnes idées. »
- « Je m'ouvre au savoir et à la connaissance. »

7
LE CHAKRA CORONAL

*L*E 7ᵉ **CENTRE EST CELUI DE LA COURONNE,** en sanskrit : SAHASRARA qui signifie couronne, lotus aux mille pétales ou mille fois autant.

Centre de la conscience cosmique et de la personnalité. Il est tourné vers le ciel et sa fonction est la Spiritualité.

Localisé au sommet de la tête, sa vibration est violette.

- Couleur : **Violet**
- Élément : **La lumière intérieure**, qui représente la vibration spirituelle subtile.
- Sens : **L'empathie.**

L'empathie qui signifie vivre l'expérience d'une autre personne comme si on était cette personne. L'empathie, c'est une manière de vivre l'expérience d'unité.

Ce 7ᵉ centre majeur est associé au corps causal, au rapport de cause à effet.

La personnalité fait partie de ce centre. « *Je suis* ». Il y a la notion de l'égo, l'égo qui contenu dans une conscience saine est dans l'unicité.

Ce centre englobe notre vie spirituelle, notre force et notre intelligence, notre logique et notre bon sens. Ce chakra situé au sommet de la tête représente le plus haut niveau de conscience de l'être humain, c'est le centre de l'illumination.

Quand le chakra couronne commence à s'ouvrir, on est attiré par les enseignements mystiques ou occultes. À cette étape de son développement, on commence parfois à apercevoir les auras, à éprouver un sentiment de révérence et d'émerveillement devant la beauté et l'immensité de la création.

Lorsqu'il est complètement ouvert, ce chakra fusionne avec le chakra du troisième œil pour former le halo souvent représenté autour de la tête des saints et des êtres illuminés.

Chakra Coronal

- Couleur : Violet
- Élément : Lumière Intérieure
- Sens : Empathie

Émotionnellement, il concerne les polarités : orgueil, harmonie, humilité.

Posez-vous les questions suivantes :

— Quelle relation avez-vous avec votre père terrestre ?

La réponse à cette question montrera la relation que vous avez avec vous-même et avec le Ciel.

— Avez-vous des perceptions d'unité ou de séparation ?

— Comment réagissez-vous face aux règles que l'on vous impose ?

— Quelles sont les règles que vous vous imposez (autodiscipline) ?

— Comment vous protégez-vous ?

Pistes de réflexion :

Notre personnalité dépend en grande partie de notre relation à notre père terrestre et à notre père céleste, tous deux représentants de l'autorité et de la protection.

Les règles sont présentes en général pour nous protéger : ceinture de sécurité, lieux réservés aux non-fumeurs, limitation de la vitesse...

Les règles que l'on s'impose devraient elles aussi aller dans ce sens : avoir une vie saine, sans excès, sans déficience, ne pas voler, avoir le mot juste, ne pas mentir...

Les personnes ayant des tensions au niveau de ce centre énergétique, se sentent au-dessus des lois. Elles partent souvent dans tous les sens, empruntent sans cesse de nouvelles directions sans aller au bout des choses.

Apprendre à devenir symboliquement son propre père, c'est d'abord apprendre à respecter le sien, sans cautionner les événements qui peuvent être graves. Il s'agit ensuite d'apprendre à s'imposer une vie respectueuse de notre personnalité, il s'agit d'avoir ses propres idées.

Affirmer « *Je suis* » avec toute l'identité que cela comporte et non pas
« *Je suis comme* ».

Lorsque l'énergie de ce chakra est équilibrée,

l'ouverture à l'énergie divine se fait naturellement, permettant un accès à l'inconscient et au subconscient.

Si cette énergie est en excès,

attendez-vous à des frustrations et à des migraines fréquentes.

Et une énergie déficiente,

provoquera de l'indécision et la disparition physique de la joie.

SOLUTIONS EN AROMATHÉRAPIE :

LAVANDE VRAIE OU OFFICINALE

La Lavande vraie ou officinale aide à surmonter les schémas éducatifs, à accepter son individualité et à retrouver sa propre orientation, conduit au respect de soi-même, favorise l'inspiration. Elle nettoie et purifie tant au niveau physique, qu'énergétique.

Autres solutions :

LA ROSE

La Rose que vous aurez peut-être utilisée pour le chakra du Cœur.

L'YLANG-YLANG

L'Ylang-ylang calme les nerfs et intègre les émotions. Huile aphrodisiaque. Elle est si apaisante qu'elle encourage à écouter l'essence de l'Âme.

LE GINGEMBRE

Le Gingembre réalise le Moi sacré. La nature aphrodisiaque du gingembre ouvre le chakra racine et déclenche l'énergie sexuelle en l'intégrant aux chakras du cœur et de la couronne. L'odeur du gingembre libère les chagrins retenus dans les poumons et dans le corps émotionnel. L'huile de Gingembre peut irriter la peau et les muqueuses !

LA GLYCINE

La Glycine expérimente la Joie de faire. Elle purifie le lien du corps éthérique avec le corps physique qui augmente en fréquence supérieure. Sur le chakra de la couronne, elle permet à l'énergie de s'aligner sur l'Unité de toute chose. Elle stimule la mémoire.

MÉDITATION : CONNECTEZ-VOUS À VOTRE 7E CHAKRA

Choisissez un endroit et un moment propices à cette méditation. Mettez-vous à l'aise.

Coupez votre téléphone et toutes sources de distraction.

Êtes-vous prêts ? Fermez les yeux.

Inspirez et expirez lentement et profondément en sentant l'huile essentielle que vous avez choisie parmi mes propositions.

Visualisez la couleur **VIOLETTE**.

Inspirez la couleur **VIOLETTE**.

Expirez la couleur **VIOLETTE**.

Reprenez cet exercice 7 fois.

Maintenant, dites les affirmations suivantes à haute voix si vous le pouvez ou pensez-les.

Faites cet exercice avec votre cœur.

- « Je comprends. »
- « Je prends conscience de ma spiritualité. »
- « Je sais, je suis, je lâche prise. »
- « Mon niveau de conscience augmente. »

LES HUILES ESSENCE CIEL

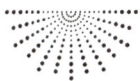

SELON LES CHAKRAS

- Lavande vraie
- Pamplemousse
- Laurier noble
- Rose
- Camomille noble
- Néroli
- Carotte

CHAKRA RACINE

**ATTRIBUTS
DU CHAKRA**

- Ancrage - Stabilité
- Énergie vitale
- Connexion à la Terre
- Monde matériel
- Initiation de nouveaux départs

**HUILES ESSENTIELLES
RECOMMANDÉÉS**

- Carotte
- Cannelle
- Myrrhe
- Patchouli

CHAKRA SACRÉ

**ATTRIBUTS
DU CHAKRA**

- Transmutation de l'énergie sexuelle
- Sensualité
- Créativité
- Limites

**HUILES ESSENTIELLES
RECOMMANDÉÉS**

- Néroli
- Carotte
- Ylang-Ylang
- Jasmin

CHAKRA DU PLEXUS SOLAIRE

ATTRIBUTS DU CHAKRA

- Conversion de l'énergie solaire
- Développement de la personnalité
- Développement des sentiments
- Sagesse
- Expansion

HUILES ESSENTIELLES RECOMMANDÉÉS

- Camomille noble
- Géranium
- Lemon-grass
- Noix de muscade

CHAKRA DU COEUR

ATTRIBUTS DU CHAKRA

- Amour inconditionnel
- Altruisme

HUILES ESSENTIELLES RECOMMANDÉÉS

- Rose
- Néroli
- Menthe verte
- Myrte
- Palmarosa

CHAKRA DE LA GORGE

ATTRIBUTS DU CHAKRA

- Expression libre
- Communication
- Volonté
- Indépendance
- Discours posé et sage

HUILES ESSENTIELLES RECOMMANDÉÉS

- Laurier noble,
- Camomille
- Lavande
- Romarin,
- Thym

CHAKRA 3E OEIL

ATTRIBUTS DU CHAKRA

- Harmonie entre le moi et le moi supérieur
- Perception extrasensorielle
- Responsabilité

HUILES ESSENTIELLES RECOMMANDÉÉS

- Pamplemousse
- Encens-oliban
- Basilic

CHAKRA CORONAL

ATTRIBUTS
DU CHAKRA

HUILES ESSENTIELLES
RECOMMANDÉÉS

- Conscience supérieure
- Unité
- Contemplation
- Méditation

- Lavande vraie
- Lavande officinale
- Bois de rose

BONUS POUR VOUS !!!

De petits exercices d'ancrage car pensez bien que **sans racines, un arbre ne peut s'élever.** L'ancrage est selon moi la base.

Il est plus facile de partir et de se « connecter » que de s'ancrer. Prudence ! Vous avez choisi de vous incarner, alors vivez pleinement votre incarnation.

L'ancrage est cette étape fondamentale et cette condition pour ne pas « partir en vrille ». L'ancrage permet de ne pas se disperser et de ne pas se perdre. Cette base fondamentale évite d'avoir des fuites énergétiques et d'être en mode survie.

Sans racines, un arbre ne peut s'élever !

Dans l'apprentissage de la pratique de la bio-énergie, on apprend à s'ancrer.

Dans la pratique chamanique, on veille à s'ancrer aussi. J'ai eu la chance de faire des modules avec *Corine Sombrun,* chamane médiatisée par le grand écran par le film « Un monde plus grand ». Son sérieux dans la transmission est légion en plus de toutes ses qualités humaines. Aussi, tant que l'ancrage n'est pas acquis, Corine ne transmet rien de plus.

Nombreux sont ceux qui se sont improvisés *chamanes*. Il est très facile de jouer du tambour ou du bol, de faire vibrer et faire « partir » tout un groupe. C'est principalement ce que recherche l'individu : lâcher prise et être (*dans l'illusion de*) « s'élever » un temps. L'atterrissage est souvent douloureux et parfois créé des dépendances. J'ai souvent rencontré des personnes qui étaient à côté de leurs pompes. Ces personnes n'étaient pas présentes mais « déphasées ».

Pour les Chinois, nous Occidentaux, nous ne sommes pas assez arrimés au sol. Perdus dans nos cogitations et nos incertitudes, nous ramenons toute notre énergie en haut du corps, dans la tête surtout, en oubliant que nous avons un ventre et des pieds.

Sortir du mental n'est pas chose aisée, surtout lorsque l'on n'a jamais cherché à lâcher nos pensées, pris dans une vie agitée dans laquelle ressasser ou anticiper est devenu une habitude.

Être ancré, c'est être pleinement présent, comme en état de méditation. Mais là où les exercices d'ancrage vont avoir un plus à apporter à votre quotidien, c'est qu'ils pourront être pratiqués à tout moment de la journée.

S'ancrer c'est guérir ses angoisses, calmer ses pensées, reprendre confiance, lâcher prise, récupérer son énergie, soulager les maux de tête ou les migraines, accepter son corps tout comme sa vie dont on se sent plus responsable. Ces bénéfices vont permettront de faire face aux difficultés de la vie avec plus d'aplomb et de solidité.

Je vous rappelle quelques PRATIQUES POUR ÊTRE EN ÉQUILIBRE :

Le Qi Gong, le Taï Chi, le Pilates, le Yoga permettent de se recentrer et d'avoir un bon ancrage.

La marche décuple votre capacité à déplacer votre conscience dans vos pieds.

Être en contact avec la nature est certainement la manière la plus puissante d'accéder à votre plein potentiel.

Les massages énergétiques sont également là pour réorganiser l'énergie, l'harmoniser, réchauffer les reins (énergie vitale) et libérer le haut du corps. Le simple fait de se faire masser vous fera prendre conscience de votre corps et vous permettra aussi d'être pleinement présent. Dans ma pratique du Chi Neï Tsang, nous travaillons à rééquilibrer le Hara et à renforcer le chakra racine.

Quelle que soit la méthode qui vous convient, la respiration est essentielle à l'ancrage. Ne forcez pas mais essayez de respirer profondément et consciemment avant de démarrer vos exercices ou vos méditations.

Voici quelques RESSOURCES D'ANCRAGE PHYSIQUE SIMPLES ET FACILES À METTRE EN APPLICATION :

- S'étirer.
- Sentir les points de contacts de votre corps.
- Sentir les matières en contact avec votre corps.
- Sentir votre respiration.
- Avoir un objet dans sa poche et en détailler les caractéristiques (forme, matière, sensation...).
- Toucher un objet extérieur.
- S'appuyer sur les talons et sentir votre poids.

- Marcher en pensant droite-gauche, droite-gauche, calmement et lentement.
- Danser.
- Mettre les mains sous l'eau.

Voici maintenant quelques RESSOURCES D'ANCRAGE MENTAL :

- Se faire un rapport : où suis-je ? Date ?
- Quelle est votre envie à l'instant ?
- Lire quelque chose.
- Décrire une activité (une recette par exemple) sans omettre un détail.
- Réciter quelque chose lentement : alphabet, chiffres, liste...
- Penser à quelque chose de drôle : souvenir, blague, scène de film...
- Jouer au jeu des catégories : villes commençant par P...
- S'imaginer protégé du mal par des pouvoirs, un mur, un bouclier...
- Relier le passé au présent : anniversaires dans l'ordre...

Voici maintenant quelques RESSOURCES D'ANCRAGE ÉMOTIONNEL :

- Se rassurer : c'est un moment difficile, ça va passer...
- Regarder des photos : animaux, proches...
- Penser à un lieu sûr et rassurant en décrivant tous ses détails.
- Penser à votre plat favori.
- Se réciter un truc inspirant : mantra, citation, poème...

À QUELLE FRÉQUENCE PRATIQUER CES EXERCICES ?

- **SOUVENT** : plus c'est répété, mieux ça marche.
- **RAPIDEMENT** : moins il y a de préliminaires, mieux ça marche.
- **LONGTEMPS** : plus c'est long, mieux ça marche.
- **CONSCIEMMENT** : plus les bénéfices sont constatés, mieux ça marche.
- **ORIGINALEMENT** : plus les techniques sont personnalisées, mieux ça marche.
- **PRÉCOCEMENT** : plus c'est tôt, mieux c'est.

EXERCICE D'ANCRAGE 1

Posez-vous sereinement (dans une position qui vous est agréable) et visualisez la couleur rouge.

Voyez le rouge tout autour de vous, puis imaginez cette couleur rouge vous pénétrer par votre premier chakra et envahir tout votre corps de rouge. Vous êtes rouge et vous respirez rouge par ce chakra racine.

Inspirez et expirez du rouge jusqu'à ce que vous visualisiez une couleur rouge brillante dans tout votre corps.

EXERCICE D'ANCRAGE 2

Assis(e) ou debout, l'important étant d'avoir les deux pieds bien à plat sur le sol.

Imaginez que des racines sortent de vos pieds pour s'enraciner dans la terre.

Lorsque vous inspirez, visualisez une énergie rouge vif qui remonte le long des racines pour atteindre votre corps. L'énergie va remonter par vos jambes jusqu'à atteindre la base de votre colonne vertébrale puis va se diffuser dans tout votre corps, dans toutes les directions, comme les branches d'un arbre.

À l'expiration, ces racines rouges vont s'ancrer encore plus profondément dans le sol. À chaque respiration, les racines s'étendent et grossissent davantage jusqu'à ce que vous soyez aussi solide qu'un arbre connecté à la terre entière. Cet exercice de visualisation est très efficace et un moyen rapide de retrouver confiance et énergie.

EXERCICE D'ANCRAGE 3

Cet exercice permet de s'aligner du premier (racine) au dernier chakra (coronal).

Cette ligne part de notre centre et nous connecte d'une part à la Terre et d'autre part au Ciel.

Assis ou debout, visualisez un point central à quelques centimètres en dessous de votre nombril, à l'intérieur de vous.

Visualisez ensuite une ligne qui part de ce point et qui descend jusqu'au centre de la Terre. Puis visualisez la ligne qui part de ce même point et en vous, et qui cette fois-ci monte jusqu'au ciel.

Ressentez cette connexion terre-ciel, cette ligne qui vous traverse et qui vous connecte à l'Univers entier.

Sentez l'énergie tellurique et cosmique qui y passe.

Vous pouvez continuer l'exercice en visualisant aussi un halo qui vous entoure, comme si vous étiez dans un œuf géant, fait de lumière.

Vous êtes en sécurité dans cet œuf, connecté(e) à la Terre et au Ciel.

LIVRE AUDIO

MÉDITATION DES 7 CHAKRAS

Je vous invite à partir en voyage à la découverte de ces 7 principaux centres d'énergie que sont les chakras.

La vocation de cette méditation des 7 chakras est de vous permettre d'entrer en relation avec une plus large dimension de votre Être.

Au travers de cette méditation, découvrez les fonctions principales de vos 7 chakras et quelques clés pour vous aider à vous harmoniser.

Belle découverte.

Le Livre Audio est disponible sur

AMAZON - AUDIBLE - ITUNES

Copyright © 2021 by FV EDITIONS
Credits images : CANVA, Roundicons Pro
All rights reserved.
No part of this book may be reproduced in any form or by any electronic or mechanical means, including information storage and retrieval systems, without written permission from the author, except for the use of brief quotations in a book review.

www.ingramcontent.com/pod-product-compliance
Lightning Source LLC
LaVergne TN
LVHW061529070526
838199LV00009B/429